Vivre

Mini Syros Soon

Une collection dirigée par Denis Guiot

Couverture illustrée
par Stéphanie Hans

ISBN : 978-2-74-851066-9

Vivre

Nathalie Le Gendre

MiNi
SYROS

Chapitre 1

Le vaisseau dans lequel se trouvait la famille Pico s'était posé depuis dix jours sur la Planète 8. Tous les scientifiques à son bord s'agitaient pour préparer leur mission d'exploration. Et les parents de Gabriel ne tarderaient pas à partir avec eux afin d'accomplir leurs tâches d'exobiologistes, après avoir confié leur fils aux robots qui s'occupaient du groupe des petits.

Ce soir-là, dans l'appartement-cabine, Gabriel écoutait son père d'une oreille distraite. Une fois que celui-ci eut fini de parler, le jeune garçon n'avait retenu qu'une poignée de mots : ... *avec nous... mission d'exploration... extraterrestres...* Rien qui puisse détourner son esprit de sa principale préoccupation, c'est-à-dire écrire à Annabelle, sa sœur jumelle.

– Gaby... as-tu entendu ce que nous te proposons ? demanda sa mère d'une voix douce.

Alors qu'elle approchait sa main pour lui caresser l'épaule, Gabriel s'écarta vivement. Sa mère baissa aussitôt son bras, et un voile de tristesse assombrit son visage.

– Je suis désolée, dit-elle alors qu'une larme glissait sur sa joue, je ne voulais pas t'effrayer.

Gabriel tenta de ne pas flancher face au chagrin de sa mère. Depuis quelques mois, il en voulait à ses parents de ne plus parler d'Annabelle. Il fallait se rendre à l'évidence, sa propre souffrance était beaucoup plus grande que la leur. Rien que d'y penser, il avait envie de pleurer.

Il se tourna vers son père qui le regardait fixement. Très mal à l'aise, Gabriel se leva, prêt à décamper pour se réfugier dans sa chambre.

– Deux secondes... l'arrêta son père. J'ai besoin de savoir si tu es d'accord pour venir avec nous, car ta présence implique une tout autre organisation pour une telle expédition.

Le jeune garçon se rassit un peu à contrecœur.

– J'ai pas bien écouté ce que tu me disais, avoua-t-il à son père.

– Nous aimerions que tu nous accompagnes pour aller à la rencontre des extraterrestres qu'une précédente équipe aurait localisés. Nous pensons que tu es prêt et que ce serait une belle expérience pour toi. De plus, nous aurons la grande navette rien que pour nous tout seuls, ajouta-t-il avec un clin d'œil.

– D'accord, accepta Gabriel sans réfléchir.

Lui, ce qu'il voulait, c'était avoir la paix et filer dans sa chambre pour écrire à sa sœur.

– D'accord ? répéta sa mère, incrédule.

– Oui... Je peux retourner dans ma cabine, maintenant ?

– Mais tu ne veux pas en savoir plus ? s'étonna son père.

– Si... On part quand ?

– Dans deux jours.

– Je peux emporter ce que je veux ?

– Nous t'aiderons à faire ton sac. Nous ne savons pas comment réagiront les extraterrestres à notre contact. Ces êtres sont très proches de leur planète et nous présenter à eux avec notre technologie risquerait de les effrayer et...

– J'ai le droit de prendre mon carnet et mon crayon ? le coupa Gabriel, visiblement inquiet.

– Oui, ça c'est possible, le rassura sa mère.

C'était tout ce qui importait à Gabriel.

Ses parents se concertèrent un moment d'un regard affligé.

– Retourne dans ta chambre si tu en as envie, capitula son père.

D'un bond, Gabriel fut sur ses pieds. Il quitta la pièce sans un mot, le visage fermé et sombre.

Une fois dans son refuge, il s'installa à son bureau, face au hublot. De là, il pouvait admirer les nuages bleu pâle qui filaient doucement dans le ciel blanc ou bien les arbres à l'écorce vert fluorescent et au feuillage marron, rouge ou même or.

Malgré ses deux soleils, la Planète 8 ressemblait beaucoup à la Terre. Sauf que, parfois, les couleurs et les formes du paysage changeaient aussi vite que la décoration créée par les écrans flottants dans le vaisseau, lesquels proposaient des paysages artificiels aléatoires.

Gabriel n'avait pas encore mis le nez dehors – c'est-à-dire dans le périmètre de la zone sécurisée pour les enfants –, il ne connaissait donc rien de cette planète. Sortir ne lui ferait pas de mal, surtout après six mois de voyage interstellaire ! Il détailla sa cabine dont les parois étaient grises et nues, sans aucun écran flottant, mais c'était son choix. *À l'image de mon âme vide*, pensa-t-il d'un air résigné.

De l'index, il fit rouler sur son bureau un vieux crayon tout mordillé, pas plus grand que deux phalanges, avec lequel il adorait écrire. C'était une vraie antiquité car de petites machines capables de lire les pensées, lesquelles s'archivaient instantanément dans des mémoires virtuelles, avaient depuis longtemps remplacé crayons et papier ! Plus personne n'était donc obligé d'écrire, ni même de lire puisqu'il suffisait juste d'écouter ce que diffusaient ces mémoires virtuelles.

À cette idée, le jeune garçon s'étrangla d'horreur en avalant sa salive. Lui qui éprouvait tant de plaisir à griffonner à la main, à sentir glisser la mine graphite sur le papier fin de son carnet, à l'entendre grignoter le vide de la page blanche et enfin à relire son écriture ronde.

Les crayons et les carnets coûtaient une petite fortune à ses parents, qui avaient du mal à se les procurer. Mais c'était les deux seules choses que le jeune garçon réclamait. Aucun jeu réel ou virtuel, aucun autre loisir. Juste de quoi écrire. Et ce depuis un an.

Depuis la mort d'Annabelle.

Chapitre 2

Depuis un an donc, Gabriel écrivait presque chaque jour à sa sœur jumelle. Il n'acceptait pas sa mort. Ils avaient été tellement complices, se comprenant sans avoir besoin de prononcer le moindre mot, discernant ce que l'autre éprouvait dans sa chair et dans son âme.

À présent, Gabriel se sentait vide, abandonné, comme amputé d'une partie de ses émotions.

Alors, pour garder le lien avec Annabelle, il couchait ses pensées sur papier.

Nael,

Nous sommes bien arrivés sur la Planète 8. Ces voyages interstellaires sans toi deviennent un calvaire. De toute façon, nous, les enfants, nous ne voyons pas grand-chose de ces planètes. Mais franchement, à quoi bon sortir quand on n'a pas de but ?... Tous les deux, on riait tellement, même durant les absences de papa et maman, même sous la surveillance de ces robots froids et sans vie... même confinés dans la zone sécurisée. On se tenait chaud...

Gabriel tailla la mine de son crayon avec soin et poursuivit :

J'ai malgré tout une sacrée nouvelle... Papa et maman m'ont proposé de les accompagner dans leur mission d'exploration ! J'ai accepté pour qu'ils me fichent la paix. Tu sais comment ils sont quand ils ont une idée derrière la tête. Mais je t'avoue que je suis plutôt content.

J'aurais tellement aimé que tu partages cette première vraie sortie avec moi...

Il fit une courte pause durant laquelle il mâchouilla son crayon.

De toutes les planètes visitées, c'est la seule qui m'intrigue. Quand je regarde le paysage par le hublot de ma chambre, il se modifie comme si le vaisseau se déplaçait. Je suis curieux de voir ça de plus près. Et puis, à neuf ans, il est temps pour moi de quitter le groupe des petits que des robots stupides gardent en imitant nos parents.

Mais je t'emmène avec moi, Nael, comme ça tu pourras toi aussi profiter de cette aventure.

Je t'embrasse très fort.

Ton frère, Gaby.

Quand l'heure du départ sonna, la lueur triste qui voilait d'habitude les pupilles du jeune garçon céda la place à une petite étincelle d'excitation. Mais une fois dans la navette qui les conduisait au cœur de la Planète 8, Gabriel se plongea dans un dessin pour éviter d'avoir à faire la conversation à ses parents.

– Oh ! regarde ça, Gaby ! s'exclama soudain sa mère. Quelle beauté, ce lac aussi brillant qu'un diamant !

Gabriel leva la tête pour jeter un œil vers le hublot que sa mère pointait du doigt. Il fronça les sourcils. Il ne voyait qu'un immense cratère fumant qui crachait sa lave comme un dragon en colère.

– Et là, sur ce plan d'eau ! fit à son tour son père. Ces sortes de canards géants sont magnifiques ! As-tu déjà vu de tels plumages bariolés ?

Gabriel regarda dans la même direction que son père. Il ne distingua rien d'autre que plusieurs tas de cailloux rouges en pyramide sur du sable noir.

Il n'osait pas contredire ses parents. À la fois pour éviter d'avoir à leur parler et de peur de passer pour un idiot.

Intrigué, il abandonna son dessin pour coller son nez au hublot. Le paysage qui défilait sous ses yeux changeait aussi vite qu'un battement de cils. À gauche, un océan scintillant parsemé d'écume rouge se matérialisait pour laisser deux secondes plus tard la place à une prairie multicolore. À droite, un troupeau de vaches à plumes se liquéfiait subitement en une multitude de flaques argentées sur un sol aussi sombre que du charbon. Au loin, des montagnes bleu nuit aux cimes recouvertes de neige pourpre s'évaporaient en fumée dans un horizon dégagé et tremblotant.

Quelle nature capricieuse! pensa Gabriel. *J'en ai des vertiges! Vivement que je puisse faire part de ces phénomènes à Nael.*

Lorsqu'ils se posèrent enfin, le soleil mauve du soir avait remplacé le soleil vert de l'après-midi, attestant que la nuit ne tarderait plus.

– Nous dormirons dans la navette, avertit le père de Gabriel. Nous ne connaissons rien de cet endroit, ce sera donc plus prudent.

Le jeune garçon se contenta d'acquiescer en hochant la tête. Il détacha son harnais de sécurité et se leva pour se diriger vers la minuscule cabine qui lui servirait de chambre durant tout le temps de l'expédition. Il entendit sa mère soupirer doucement. Il savait qu'elle lui reprochait son mutisme, mais également son refus d'agir comme tout enfant de son âge : faire un bisou de bonjour ou de bonsoir ou simplement pour le plaisir, ou bien un câlin, ces choses que parents et enfants aiment à partager pour se montrer leur attachement.

Gabriel, lui, n'y arrivait plus. Depuis la disparition de sa jumelle, il y avait un grand vide dans son cœur.

Chapitre 3

Nael,

Finalement, je regrette d'avoir accepté d'accompagner les parents. Cela fait trois jours que nous explorons cette fichue planète, trois jours que je ne peux pas t'écrire tellement je suis fatigué, trois jours que je deviens fou. Papa et maman sont tendus parce qu'ils commencent à désespérer de retrouver la trace des extraterrestres. La nature fait des siennes à chaque instant. Tout change de place, de couleur, de forme, on ne reconnaît pas le paysage d'une minute à l'autre. Ça me donne mal à la tête. Figure-toi qu'en plus je ne vois rien de ce que les parents me décrivent! C'est dingue!

En tout cas, aujourd'hui, j'ai décidé de rester tranquillement à la navette pour t'écrire et...

Gabriel redressa vivement la tête. Il avait entendu un drôle de bruit. Il scruta un buisson touffu, apparu une minute plus tôt à une dizaine de mètres de lui, et crut y distinguer une silhouette qui se balançait tel un peuplier sous le vent. Elle ressemblait à un fantôme. Impossible de distinguer le moindre visage ni la moindre forme.

Assis sur une des ailes de la navette, le jeune garçon fourra son carnet dans sa chemise, tout contre sa peau, et coinça son crayon sur son oreille. Sa respiration s'accéléra. Son cœur s'emballa alors que le buisson disparaissait après s'être voilé de brume. Il sauta de son perchoir.

Tandis qu'il se réceptionnait sur ses deux pieds, le buste penché en avant, son carnet glissa de sa chemise et échoua sur le sol. Une légère brise feuilleta les pages noircies d'écriture et s'arrêta sur le portrait que le jeune garçon avait fait de sa sœur.

Gabriel en oublia l'endroit où il se trouvait. Il en oublia même la silhouette mystérieuse. La vue brouillée par des larmes naissantes, il caressa en tremblant le visage esquissé de sa jumelle, un peu effacé par le temps.

– Nael, pardonne-moi. Je ne voulais pas te faire tomber, ni te salir.

Il ramassa le carnet et l'épousseta délicatement. La terre battue du sol se transforma soudain en un tapis d'herbe verdoyante. Une ombre s'y dessina. Gabriel crut que son cœur avait cessé de battre. Le visage d'Annabelle s'étendait devant lui ! Un visage d'herbe et de terre !

Sous le choc, il recula de trois pas, les jambes flageolantes, et un cri aigu franchit la barrière de ses lèvres pâles.

Le visage se déforma puis fut balayé d'un coup de vent.

Le tapis d'herbe disparut.

Gabriel s'évanouit.

Chapitre 4

En revenant à lui, Gabriel se frotta l'arrière de la tête où pointait une bosse. Il grimaça sous la douleur.

Le paysage avait de nouveau ce voile grisâtre qui le rendait flou, et l'étrange silhouette avait disparu.

– Et si c'était un extraterrestre ? murmura le jeune garçon en se redressant après avoir ramassé son carnet. Ou était-ce peut-être tout simplement mon imagination... ou alors...

Il scruta les alentours.

– Ou alors c'était toi, Nael ?

À peine avait-il achevé sa phrase que la nature se modifia et se peignit des couleurs d'un champ de coquelicots bientôt cerné d'une forêt de bouleaux.

– Ça alors ! C'est trop fort ! On dirait le champ près de notre maison sur Terre, celui dans lequel Nael adorait courir...

Et là, il la vit de nouveau. À l'autre bout du champ. Elle dansait, ses longs cheveux blonds virevoltant autour de sa silhouette gracile.

– Nael !

Gabriel s'élança à sa rencontre. Il courut à en perdre haleine tout en zigzaguant entre les coquelicots pour ne pas les écraser et en criant le surnom de sa sœur. Mais plus il se rapprochait, plus le corps d'Annabelle s'altérait et il ne fut bientôt plus qu'une forme fantomatique.

Le jeune garçon s'arrêta net. Le champ de coquelicots s'évapora. Ne restait face à lui que l'étrange silhouette aperçue un peu plus tôt et, aucun doute, c'était bel et bien un extraterrestre ! Gabriel était terriblement déçu. Toutes ces transformations étaient absurdes, c'était à devenir fou !

Il observa la créature. Elle possédait deux jambes et deux bras, mais plus longs que ceux d'un humain. Son corps élancé, presque translucide, oscillait sous le vent et semblait hésiter entre grandir ou rapetisser. Les traits de son visage restaient flous. Comme si son nez, ses yeux, ses oreilles voulaient poindre sans toutefois s'y résoudre totalement. La bouche n'était qu'un infime trait grisâtre. Rien de plus.

Gabriel se frotta les paupières pour vérifier si cela venait de sa vue brouillée par la sueur. Mais non.

– Arrête de bouger, bon sang ! s'exclama-t-il, agacé de ne pouvoir correctement distinguer l'extraterrestre.

Aussitôt la silhouette vibra. Son nez, ses oreilles, ses lèvres se rétractèrent comme les cornes d'un escargot. Seuls subsistaient deux grands yeux triangulaires pointant vers le bas, sans cils ni sourcils.

Gabriel aurait tellement aimé qu'Annabelle soit à ses côtés pour partager sa découverte. Au lieu de cela, il était seul, avec pour unique compagnie ses souvenirs et sa peine.

– Non ! s'indigna-t-il. Je ne suis pas seul ! Nael est toujours avec moi grâce à mon carnet. Jamais je ne l'oublierai comme l'ont oubliée papa et maman. Jamais !

Un violent courant d'air le fit suffoquer. Devenu multicolore et difforme, l'extraterrestre tournait sur lui-même comme une girouette sous la tempête.

Chapitre 5

– Arrête ! tempêta Gabriel. Tu me donnes le tournis !

L'extraterrestre s'affola de plus belle.

Gabriel se tut subitement, comprenant que sa propre voix terrorisait cet être étrange.

Mais comment communiquer, alors ?

La créature s'immobilisa enfin. Son apparence devint à nouveau ondulante et translucide. Gabriel chercha à capter son regard. Peine perdue. Il pensa à sa sœur et à ce qu'elle aurait fait à sa place. Aussitôt les yeux de l'extraterrestre s'agrandirent et s'étirèrent pour prendre la forme de ceux d'Annabelle. De beaux yeux en amande.

Émerveillé, le jeune garçon ouvrit la bouche pour lui demander comment il faisait ça, mais l'extraterrestre s'agita.

Gabriel pinça les lèvres en grognant intérieurement. Le temps semblait suspendu tandis qu'il réfléchissait au moyen de questionner la créature sans pour autant l'effrayer.

Comme s'il lisait dans ses pensées, l'extraterrestre remua les joues et fit apparaître une bouche au bas de son visage, puis l'effaça d'un mouvement de main. Gabriel se garda bien de crier d'étonnement, mais il fallait avouer que c'était vraiment déroutant.

La créature renouvela l'opération trois fois avant de s'approcher du jeune garçon, paumes tournées vers le ciel d'un blanc immaculé.

Gabriel recula et buta contre un arbre... surgi de nulle part ! La panique monta en lui comme un raz-de-marée. Il projeta ses mains en avant dans un mouvement de défense au moment où l'extraterrestre s'apprêtait à coller ses paumes contre les siennes. Mais ce dernier suspendit son geste, se détourna brusquement et s'éloigna de Gabriel en ondulant. Il s'approcha de quatre autres silhouettes, apparues à plusieurs mètres de là.

Pétrifié, le jeune garçon les observa alors qu'elles esquissaient une danse sensuelle les unes autour des autres, se caressant tendrement le visage, la nuque, les épaules, les bras. Tous leurs mouvements n'étaient que douceur. Il en eut le souffle coupé. Face à cette scène, des souvenirs d'amour et d'affection ressurgirent, et une envie soudaine de se blottir dans les bras de ses parents déferla en lui. Toutes les défenses qu'il avait dressées depuis la mort d'Annabelle s'effondraient tel un château de sable balayé par une vague puissante.

De grosses larmes perlèrent puis glissèrent le long de ses joues. Il pleura chaudement.

Le paysage s'était transformé. Les couleurs étaient devenues pastel, telle une aquarelle. Gabriel ressentit des vibrations provenant du sol, comme si la planète frissonnait. Surpris, il s'essuya les yeux et le nez du revers de la main.

Sa vision devenue plus nette, il sursauta. La créature se tenait devant lui. D'autorité, elle plaqua ses paumes sur les épaules du jeune garçon qui n'eut pas le temps de réagir.

– *Ne crains rien*, chuchota une voix dans le cerveau de Gabriel. *Je ne te ferai aucun mal. J'ai juste besoin d'un contact physique pour communiquer. Fais-moi confiance.*

– *Oui*, accepta le garçon.

– *Qui est la petite fille qui occupe toute ton âme et qui a son visage dans ton carnet ?*

– *Nael… enfin… Annabelle. Quand j'étais petit, je n'arrivais pas à prononcer son prénom en entier. Elle est morte.*

– *Comment t'appelles-tu ?*

– *Gabriel. C'est ta famille là-bas ?*

L'extraterrestre hocha la tête de bas en haut :

– *Quand ils ont vu que je m'approchais de toi, ils ont eu très peur que tu me fasses du mal. Il a fallu que je les rassure. Je sens que tu n'es pas dangereux, même si ta douleur déstabilise ma planète.*

– Ta planète est... vivante ?

– Oui, elle ressent les émotions et nous les transmet. Elle ne savait pas quelle forme prendre pour toi, voilà pourquoi tu ne vois pas les mêmes paysages que tes parents.

– Comment le sais-tu ?

– Nous sommes tous en accord, la nature, les êtres. Nous ne faisons qu'un.

Un court silence ponctua sa phrase. Il ajouta :

– As-tu déjà visité d'autres planètes ?

– Sept.

– Et qu'as-tu vu ? Qu'as-tu ressenti ?

– Rien.

Chapitre 6

– Je vais t'aider... Ferme les yeux... Écoute les battements de ton cœur... Savoure les frissons sur ta peau... Goûte au vent dans tes cheveux et au sel des larmes sur tes lèvres... Sens-tu tout cela ?

– Oui...

– C'est à toi. Tu es en vie et tu as le droit de l'apprécier. Ma planète va te guider. Abandonne-toi en confiance.

Gabriel se laissa longuement porter par toutes ces sensations qu'il avait oubliées depuis un an. Il resta attentif jusqu'à sentir son cœur se gonfler tel un ballon de baudruche, encore et encore, près d'éclater dans sa poitrine de petit garçon.

– *Maintenant, tu peux ouvrir les yeux.*

Gabriel s'exécuta. Annabelle lui souriait. Un sourire doux et rassurant dans un visage paisible. Elle lui tenait les mains.

– *Je serai toujours là*, murmura-t-elle sans remuer les lèvres. *Je suis le vent, les nuages, la terre, l'eau, le chant des arbres. J'ai quitté l'enveloppe de mon corps, mais je suis partout dans tout ce qui vit. Même en toi. Libère ton âme de l'obsession qui te lie à moi pour vivre de nouveau. Libère ton cœur de ta souffrance pour aimer enfin sans crainte.*

Le cœur de Gabriel, qui lui semblait quelques instants plus tôt aussi gros qu'un ballon de baudruche, explosa, libérant un nouveau flot de larmes.

Malgré ses yeux embués, il vit les traits du visage et le corps d'Annabelle s'effacer lentement pour se remodeler à l'image de l'extraterrestre. Ce dernier continuait d'ondoyer, mais sa silhouette se transformait petit à petit jusqu'à devenir longiligne. De longs cheveux apparurent, balayant le sol et masquant une partie de son corps translucide et multicolore. Dans son visage ovale, ses grands yeux triangulaires prenaient toute la place. Toujours pas de nez ni de bouche, mais des oreilles en coquille d'escargot.

Alors que Gabriel ravalait ses dernières larmes, l'extraterrestre s'écarta et baissa la tête dans un salut, puis la redressa.

– *Maintenant que tu es réconcilié avec toi-même, je me présente à toi comme tu as envie de me voir et non plus sous l'apparence de ta sœur.*

– *C'est ta vraie forme ?*

– *Qui sait ?* répondit la créature d'un air espiègle. *Mon peuple et ma planète ne font qu'un.*

– *Je ne comprends pas grand-chose*, avoua Gabriel.

Il perçut un sourire chez l'extra-terrestre, malgré l'absence de bouche. Ce dernier le regarda une dernière fois, laissa tomber ses bras le long de son corps, se tourna et s'éloigna.

Gabriel aurait voulu crier « Comment t'appelles-tu ? », mais à quoi bon puisqu'il n'aurait pas eu de réponse.

Épilogue

De retour dans la navette, Gabriel attendait ses parents. Il était impatient de leur raconter son aventure et de se blottir dans leurs bras pour rattraper tous les câlins qu'il leur avait refusés pendant un an. Il ouvrit un carnet tout neuf, tailla son crayon, de plus en plus petit, passa la première page blanche et se pencha sur la suivante.

Carnet de voyage, par Gabriel Pico
15 janvier 2099,
Quatrième jour au cœur de la Planète 8.

J'ai vu un extraterrestre ! Il n'a pas de bouche ! Nous avons communiqué par télépathie. C'était génial. Demain, je guiderai papa et maman pour qu'eux aussi puissent en rencontrer un.

Maintenant, j'ai envie de vivre... Merci, belle planète... Merci, Nael...

L'auteur

Nathalie Le Gendre est l'auteur de plusieurs romans de science-fiction (*Dans les larmes de Gaïa*, *Mosa Wosa*...) récompensés par de nombreux prix littéraires.

Elle a une relation toute particulière avec ses personnages et n'hésite pas à puiser directement dans son vécu pour rendre leurs émotions plus crédibles.

Ses romans lui ressemblent: ils ont la liberté, la vie et l'humain comme moteur.

Pour en savoir plus sur les livres de l'auteur, consultez sa page facebook: www.facebook.com/pages/Nathalie-Le-Gendre/147176942583 ou son site: www.nathalie-le-gendre.fr

Du même auteur, aux éditions Syros

Pour les plus jeunes:
Libre, coll. «Mini Syros Soon», 2011

Pour les plus grands:
Imago, coll. «Soon», 2011

Dans la collection « Mini Syros Soon »

Le Très Grand Vaisseau

Ange

Le Très Grand Vaisseau a quitté la Terre il y a huit cents ans, en quête d'un monde meilleur. Les passagers se doutaient que le voyage serait long. Mais ils ne pensaient pas qu'il serait *si* long…

Toutes les vies de Benjamin

Ange

Alors qu'il visite avec sa classe le Centre de recherche sur les Univers parallèles, Benjamin pose sur sa tête un drôle de casque scintillant… En une matinée, il va vivre des dizaines et des dizaines de vies !

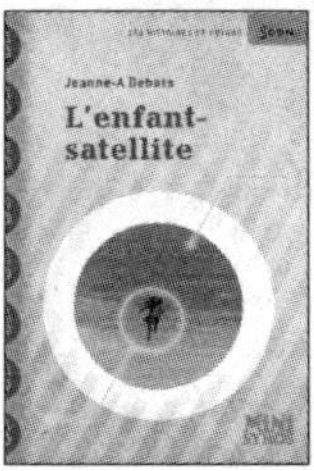

L'enfant-satellite

Jeanne-A Debats

Conçu pour la guerre, *SkyEye 001* a été placé à sa naissance dans un satellite espion. Un jour, il repère sur ses écrans une petite orpheline rescapée par miracle d'une attaque au laser.

(Prix littéraire de la citoyenneté 2010-2011)

L'envol du dragon
Jeanne-A Debats

Dès qu'il en a l'occasion, Valentin s'immerge dans le jeu vidéo *WorldOfDragons*. Il devient alors Val6, un jeune dragon qui apprend à voler. Dans ces moments-là, Valentin, qui est gravement malade, se sent vivant comme jamais… *(Prix Cherbourg-Octeville 2012)*

Rana et le dauphin
Jeanne-A Debats

Les parents de Rana travaillent à un projet top secret : modifier le cerveau d'un dauphin à l'aide de nanorobots, afin de le faire parler. Rana devient très vite l'amie de Typhon, le jeune dauphin cobaye.

Opération « Maurice »
Claire Gratias

Alors qu'il s'apprête à commettre la plus grosse bêtise de sa vie, Noé voit un type étrange se matérialiser devant lui. Retour dans le futur ? Voyage dans le passé ? Et si on pouvait changer le cours des choses…
(Prix Salut les bouquins 2011)

Une porte sur demain
Claire Gratias

Les parents de Tina, qui se font du souci pour leur fille, l'envoient consulter le docteur Schmürz, un spécialiste aux méthodes ultramodernes. *Ultramodernes* en effet !

Papa, maman, mon clone et moi
Christophe Lambert

Le programme « Sécurité enfant+ » propose aux parents de cloner leur enfant en cas de malheur. Charly 2, le double de Charly, dort ainsi bien sagement au sous-sol de la maison. Mais attention, défense d'y toucher !

Libre (liste de l'Éducation nationale)
Nathalie Le Gendre

Les Terriens se sont installés sur la planète Hamada, dont le sol recèle une poudre bleue précieuse. Comme les autres enfants d'Hamada, la petite Amu travaille pour eux. Ce matin-là, elle est envoyée pour la première fois dans une famille terrienne…

Vivre
Nathalie Le Gendre

Les parents de Gabriel emmènent leur fils en mission d'exploration sur la Planète 8, où des extraterrestres ont été localisés. Sur cette planète fascinante, Gabriel va vivre une expérience qui changera tout pour lui.

À la poursuite des Humutes
Carina Rozenfeld

Les humains sont en guerre contre les Humutes, ces mutants que l'on reconnaît à la bosse qu'ils ont sur la nuque. Or le jeune Tommy sent depuis quelque temps une légère excroissance à l'arrière de son cou…
(Prix Dis-moi ton livre 2011)

Moi, je la trouve belle
Carina Rozenfeld

Les Terriens, qui se disent amis avec les Slibuths, se moquent sans cesse de leurs yeux immenses, de leur fin pelage vert, de leur queue qui fouette l'air. Mais Alex est amoureux de Myrlwen, sa correspondante de la planète Slibuthia…

Les aigles de pluie

Éric Simard

Tirdyk et Choden s'aiment d'un amour sauvage. Les deux enfants ont le pouvoir de s'unir en esprit à leur aigle et de transpercer les nuages pour faire tomber la pluie. Attaqués par les Kins, réussiront-ils à préserver leur liberté ?

L'enfaon (liste de l'Éducation nationale)

Éric Simard

Il y a un nouveau dans la classe de Leïla. Mais L'enfaon n'est pas un élève comme les autres, il vient du CHGM, le Centre des Humains Génétiquement Modifiés. *(Prix Livrentête 2011, prix Lire ici et là 2012, prix Dis-moi ton livre 2011, prix Passeurs de témoins 2012)*

Robot mais pas trop

Éric Simard

Adam vit dans une maison très sophistiquée. Mais certains appareils n'en font qu'à leur tête… Alors, quand le directeur de l'école s'invite à prendre le thé, c'est la panique !
(Prix Nord Isère 2011-2012)

Loi n° 49-956 du 16 juillet 1949
sur les publications destinées à la jeunesse,
modifiée par la loi n° 2011-525 du 17 mai 2011.

Mise en pages : DV Arts Graphiques à La Rochelle
N° d'éditeur : 10213333 – Dépôt légal : novembre 2012
Achevé d'imprimer en janvier 2015 par l'Imprimerie Clerc
(18200, Saint-Amand-Montrond, France)
N° d'impression : 14103